* 이 책은 학교안전연구소에서 일하시는
  이현주, 한종극 선생님과 함께 만들었습니다.

안전 생활 지침서

학교

이현주 · 한종극 글
유난희 그림

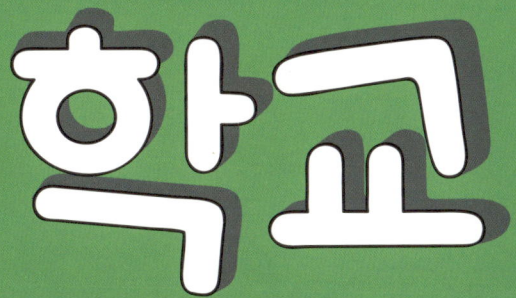

안녕하세요.
저는 '일상이'라고
해요.

다림

학교는 많은 아이들이 한데 모여 생활하는 곳이에요.
함께 공부하고, 운동하고, 뛰놀고, 식사 등을 하지요.
그래서 한 사람의 부주의한 행동으로
많은 사람이 다칠 수 있어요.
또, 오랜 시간 학교에 머물다 보니
크고 작은 안전사고가 날 위험도 매우 높답니다.

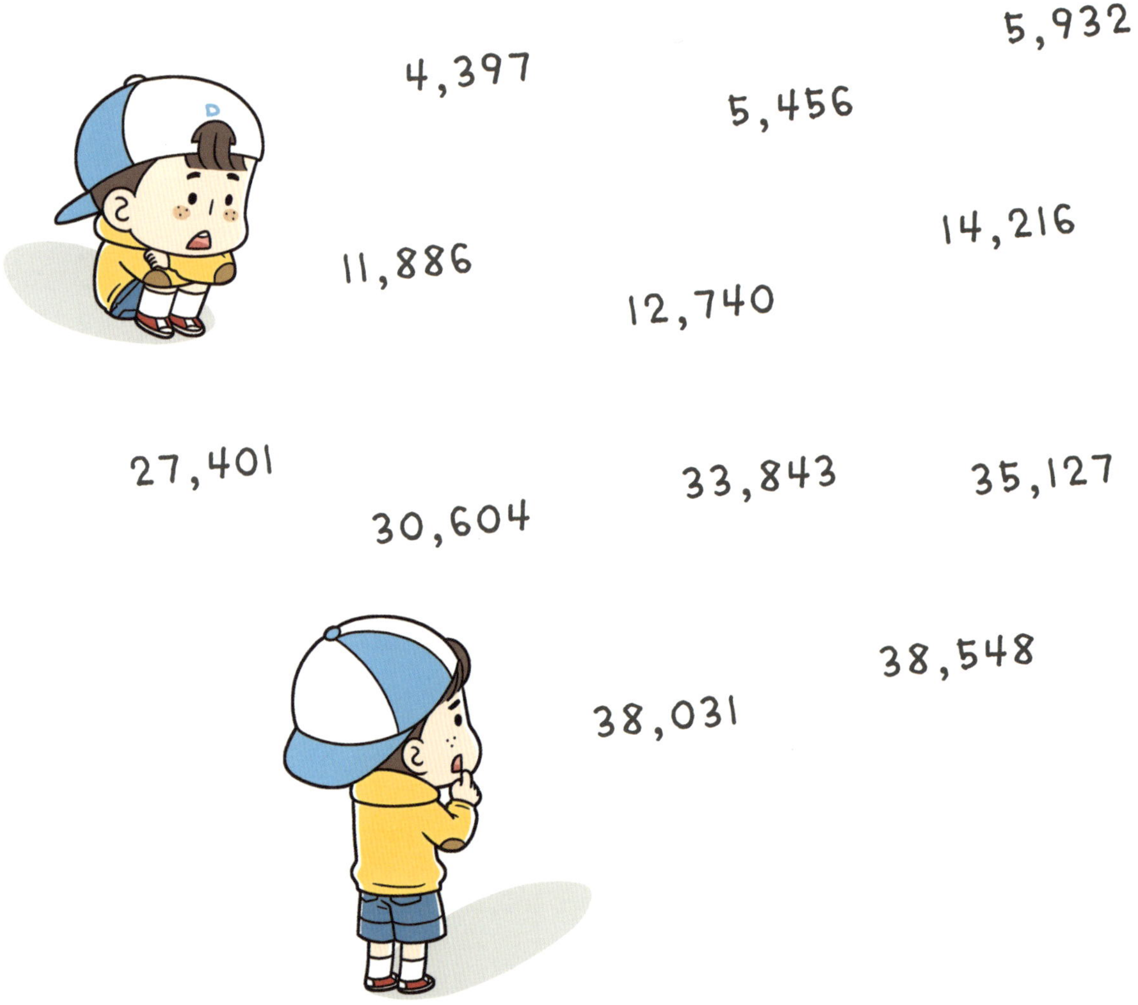

5,932

4,397

5,456

14,216

11,886

12,740

27,401

33,843

35,127

30,604

38,548

38,031

7,354

7,167

8,366

15,470

18,227

33,856

37,075

41,661

이 숫자들이 뭐냐고요?
20년간 초등학교에서 발생한 안전사고의 수예요.
하루에 약 58건, 그러니까 한 시간에 약 2~3건의
학교 안전사고가 일어난 거예요.
하지만 너무 걱정할 필요는 없어요.
학교생활 규칙만 잘 지킨다면
학교 안전사고는 얼마든지 예방할 수 있거든요.

안전한 등하굣길

매일 다니는 익숙한 길이라고 해서 방심하면 안 돼요.
길에는 사고를 일으킬 수 있는 위험 요소가 많거든요.
지금부터 안전하게 등하교하는 방법을 알아봐요.

보행 안전

어린이 교통사고는 주로 보행* 중에 발생해요.
사고를 예방하기 위해서는 보행 안전 수칙을
꼭 지키며 걸어야 해요.

* 보행 걸어 다님

● 인도로 다니기

길은 보행자가 다니는 인도와 차가 다니는
차도로 구분되어 있어요. 안전하게 길을
걸어가려면 항상 인도로 다녀야겠지요.

● 휴대 전화 사용하지 않기

휴대 전화를 보면서 걸으면 주변 상황을 잘 파악하지 못해 갑작스러운 위험에 대처하기 어려워요.

● 주머니에 손 넣지 않기

주머니에 손을 넣고 걷다가 넘어지면 머리나 몸이 그대로 바닥에 부딪쳐 크게 다칠 수 있어요.

● 주위 살피며 걷기

보도에 있는 장애물에 걸려 넘어지거나 부딪칠 수 있으니 주위를 잘 살피며 걸어요.

● 담 위에 올라가지 않기

학교 교문이나 담을 넘어 다니거나 위에 올라가면 안 돼요. 발을 헛딛거나 미끄러져 떨어지면 크게 다쳐요.

교통안전

어린이 교통사고는 등하교 시간에 가장 많이 일어나요.
이때, 가장 조심해야 하는 것이 바로 자동차랍니다.

● **차도와 떨어져 걷기**
신호를 기다릴 때에는 차도와 떨어져 서 있어야 해요. 차가 인도에 올라올 수 있거든요.

● **밝은색의 옷 입기**
눈비가 오거나 하늘이 어두운 날에는, 운전자의 눈에 잘 띄는 밝은색 옷을 입어야 안전해요.

● **장난치지 않기**
친구들과 장난을 치며 걷다가 차도에 내려가게 되면 지나가는 차에 치일 수 있어요.

● 헤드폰이나 이어폰 사용하지 않기

헤드폰이나 이어폰을 귀에 꽂고 걸으면, 경적 소리가 들리지 않아 위험해요. 차가 다가오는 것도 알아차리지 못하지요.

● 이면 도로 조심하기

이면 도로*에는 언제든 차가 올 수 있어 각별한 주의가 필요해요. 도로 가장자리에 최대한 붙어서 걷는 것이 안전해요.

* **이면 도로** 인도와 차도가 명확히 구분되지 않는 좁은 도로

● 무단횡단하지 않기

도로를 건너갈 때에는 반드시 횡단보도나 육교 등 보행자를 위한 곳을 이용해 건너요.

● 신호등이 없을 때

주변에 어른이 있다면,
어른에게 도움을 요청해서 함께 건너요.

차가 멀리 보인다고 해서 바로 건너지 않아요.
차가 순식간에 가까이 다가올 수 있거든요.

되도록 주정차*한 차량 사이로는 길을
건너지 않아요. 몸이 차들에 가려져서
운전자 눈에 안 띄면 매우 위험해요.

* **주정차** 차를 잠시 멈추었거나 세워 둔 상태

차가 완전히 멈춘 것을
확인한 후에,
손을 들고 건너요.

시설물 안전

거리에서 흔히 볼 수 있는 맨홀이나 환기구, 공사장도 보행 사고의 원인이 될 수 있어요.
그래서 항상 앞을 보고, 주의하며 걸어야 해요.

● 맨홀

맨홀은 땅속에 있는 시설에 사람이 들어가 살필 수 있게 만든 구멍이에요. 구멍 위는 뚜껑으로 덮여 있어요.

눈비가 오는 날에는 물기 때문에 미끄러우니 맨홀 뚜껑을 밟지 않도록 주의해요. 잘못하면 감전될 수도 있어요.

밤에는 맨홀 뚜껑이 열려 있어도 잘 보이지 않아서 맨홀에 발이 빠지거나 안으로 떨어질 수 있어요.

● 환기구

환기구는 건물 안의 더러운 공기를 빼내기 위해 벽이나 천장에 뚫어 놓은 구멍이에요. 환기구 위에 절대 올라가면 안 돼요. 잘못하면 환기구 덮개가 무너져 밑으로 떨어질 수 있어요.

● 공사장

평소 지나다니던 길에 공사장이 생겼다면 다른 길로 돌아가는 것이 안전해요.

공사장 안에는 위험한 물건이 많아요. 신기한 기계나 물건이 있다고 함부로 들어가면 안 돼요.

벽돌이나 망치 등 공사 도구가 머리 위로 떨어질 수 있으니 공사장과 충분히 떨어져 걸어요.

공사장 주변을 돌아다니는 큰 차들은 일반 차보다 사각지대*가 더 넓어요. 그래서 큰 차들을 조심해야 해요.

* **사각지대** 운전석에서 운전자에게 잘 보이지 않는 영역

유괴 예방

유괴란 사람을 속여서 억지로 데려가는 것을 말해요.
유괴범은 낯선 사람일 수도 있지만,
평소 알고 있던 사람일 수도 있으니 함부로 따라가면 안 돼요.

● 이름과 연락처를 보이는 곳에 적어 두지 않기

이름이나 연락처를 가방이나 옷과 같이 잘 보이는 곳에 적어 두면 범죄에 이용될 수 있으니 조심해요.

● 다른 사람 따라가지 않기

아는 사람이라도 나를 어딘가로 데려가려 한다면, 먼저 부모님께 허락을 받아야 해요. 부모님의 허락 없이는 절대 따라가서는 안 돼요!

● 밝고 큰길로 다니기

어둡고 사람이 많이 다니지 않는 길은 범죄의 위험이 높아 위험해요.

● 혼자 다니지 않기

혼자 있거나 주변에 사람이 없을 때 유괴범이 더 쉽게 다가올 수 있어요.

● 연락처 외워 두기

신고 전화 112 외에도 우리 집 주소와 부모님의 휴대 전화 번호를 꼭 외워 놓아요. 그래야 위급 상황에 빠르게 도움을 요청할 수 있어요.

● 집 밖에서의 도움 요청 3단계 구호

누군가 강제로 데려가려 한다면 "싫어요!" "안 돼요!" "도와주세요!"라고 소리쳐요!

| 일상이의 메모 | # 외출 안전 수칙 |

어린이를 노리는 흉악한 범죄가 매년 늘어나고 있어요.
범죄로부터 나를 지키기 위해서는 평소 '외출 안전 수칙'을 잘 지켜야 해요.

집 주소와 부모님의 휴대 전화 번호를 기억해요.

놀러 가는 친구의 연락처나 집 주소를 부모님께 알려 드려요.

누구와 어디로 가는지, 언제 돌아올 예정인지 등을 부모님께 말씀드리고 나가요.

밖에서는 되도록 친구들과 함께 다녀요.

외진 곳이나 어두운 골목을 다니지 않아요.

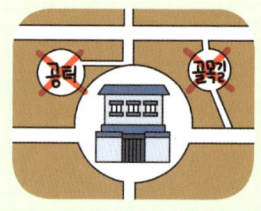

학교와 집 주변의 위험한 장소를 미리 알아 두고, 절대 가지 않아요.

어두워지기 전에 집에 들어가요. 늦어질 경우에는, 부모님께 연락해서 집에 함께 들어가도록 해요.

부모님과 수시로 연락해요.

| 일상이의 메모 | 길을 잃었을 때 |

길을 잃었을 땐, 당황하지 말고 침착해야 해요. 당황하면 평소 알고 있던 사실도 기억이 안 날 수 있거든요. 길을 잃었을 때에는 다음과 같이 행동해요.

1 멈추기

길을 잃었다면 당황하지 말고 제자리에 멈춰요.
큰 소리로 울거나 여기저기 돌아다니면 더 위험해요.

2 생각하기

내 이름과 부모님 성함, 휴대 전화 번호, 집 주소 등을 생각해요. 이렇게 할 수 있으려면 평소에 부모님과 함께 반복해서 연습해야 해요.

3 도움 요청하기

주변에 편의점이나 문구점, 약국 등의 가게나 경찰관이 있다면 도움을 요청해요. 길을 지나가는 어른보다 가게 안에 들어가 도움을 요청하는 것이 좋아요.

아동안전지킴이집

아동안전지킴이집이란 아동 및 청소년이 위험에 처했을 때, 보호해 주고 경찰에 신고해 주는 곳이에요. 안전드림(www.safe182.go.kr)에서 학교 주변 아동안전지킴이집을 찾아본 후, 도움이 필요할 때 이용해 보세요. 아동안전지킴이집으로 지정된 곳에는 '아동안전지킴이집' 로고가 붙어 있어요.

학교 안 생활 안전

학교 안 안전사고는 대부분 뛰거나 장난을 치다가 발생해요.
교실이나 복도, 운동장 등 언제 어디서나 사고가 일어날 수 있지요.
하지만 안전 수칙만 잘 지키면 안전한 학교생활을 할 수 있어요.

교실

교실은 한 공간에 많은 사람이 모여 있어서
사고가 일어날 위험이 매우 커요.
어떻게 하면 교실에서 안전하게 생활할 수 있을까요?

● **물건 제자리에 놓기**
바닥에 물건을 아무렇게나 놓아두면,
친구가 발이 걸려 넘어질 수 있어요.

● **뛰지 않기**
책상 모서리나 다른 친구들과 부딪치지 않게
항상 주의하며 천천히 걸어 다녀요.

● 책상이나 창틀에 올라가지 않기

책상 위를 뛰어다니거나 창틀에 올라가 몸을 창밖으로 내밀면 중심을 잃고 떨어져 크게 다칠 수 있어요.

● 주위를 살피며 문 열고 닫기

자칫 문틈에 끼이거나 부딪칠 수 있으니 교실 문을 여닫을 때에는 주위를 살펴요.

● 위험한 장난하지 않기

창밖으로 물건을 던지면 안 돼요! 밑에 있는 사람이 맞으면 정말 크게 다쳐요. 또한 친구의 발을 걸거나 의자를 몰래 빼는 장난도 위험해요.

일상이의 메모	학용품 안전 사용법

학용품으로 장난을 치면 나뿐만 아니라 친구도 다칠 수 있어요.
올바른 학용품 사용 방법을 익혀 안전하게 사용해요.

● 연필

연필심이 바닥을 향하도록 잡아요. 연필을 들고 뛰어다니거나 장난을 치면 찔릴 수 있어요.

● 접착제

손에 묻거나 눈에 들어가지 않도록 주의해서 사용해요. 사용한 후에는 충분히 환기를 시켜야 해요.

● 가위

가위를 휘두르거나 돌리지 않아요. 사용한 후에는 가윗날을 닫고서, 가위집에 넣어 보관해요.

● 크레파스 · 물감

입이나 눈에 들어가지 않도록 조심해요. 손에 묻었을 때에는, 비누를 이용해 깨끗이 닦아 내요.

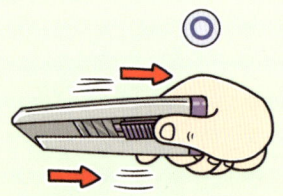

● 커터칼

칼날이 매우 날카롭기 때문에 조심해야 해요. 사용한 후에는 손을 베이지 않도록 칼날을 칼집 안쪽 끝까지 넣어 보관해요.

● 압정

바닥에 떨어지지 않게 조심해요. 압정을 밟으면 발바닥을 다칠 수 있어요. 사용한 후에는 상자에 넣어 보관해요.

일상이의 메모	전기 안전 사용법

전기는 우리가 살아가는 데에 꼭 필요한 에너지예요. 하지만 잘못 사용하면 화재나 감전 사고를 일으킬 수 있어요. 그래서 전기 안전 수칙을 지켜야 하지요.

● 전선 가위로 자르지 않기

가위는 금속이라서 전기가 잘 통해요. 전선을 가위로 자르면 감전될 수 있지요.

● 전선 잡아당기지 않기

전선을 잡아당기면 전선이 끊어지면서 화재가 발생할 수 있어요.

● 가구로 전선 누르지 않기

전선이 무거운 물건에 오랫동안 눌리면 과부하가 일어나 화재를 일으킬 수 있어요.

● 젖은 손으로 전기 기구 만지지 않기

젖은 손으로 전기 기구를 만지면 전기에 감전될 수 있어요. 꼭 손의 물기를 닦은 후에 전기 기구를 만지도록 해요.

● 콘센트 구멍에 연필이나 젓가락 넣지 않기

콘센트 구멍에는 전기가 흘러요. 젓가락이나 연필을 구멍에 넣으면 감전될 수 있어요. 잘못하면 사망할 수도 있지요.

복도와 계단 안전

복도와 계단은 많은 사람이 동시에 이용하기 때문에 사고의 위험이 높아요. 안전하게 복도와 계단을 이용하는 법을 알아봐요.

● **모퉁이 조심하기**
모퉁이에서는 맞은편에서 오는 사람을 볼 수 없기 때문에 더욱 조심해서 걸어야 해요.

● **우측통행하기**
그래야 맞은편 사람들과 부딪치는 사고를 예방할 수 있어요.

● **쓰레기 버리지 않기**
복도에 떨어진 쓰레기에 발이 걸려 넘어지거나 미끄러질 수 있어요.

● **물기 조심하기**
물기를 밟으면 미끄러져 넘어질 수 있으니 주위를 살피며 걸어요.

화장실 안전

화장실에서는 물기 때문에 미끄러지는 사고가 가장 많이 발생해요.
화장실에서 지켜야 할 안전 수칙을 알아봐요.

● 문은 조심히 열고 닫기
급하게 문을 여닫으면 문에 부딪치거나 손을 찧을 수 있어요.

● 차례 지키기
먼저 온 사람이 먼저 사용하도록 차례차례 줄을 서서 사용해요.

● 변기나 세면대 위에 올라가지 않기
변기나 세면대에 올라가 장난을 치면 떨어져 크게 다칠 수 있어요.

● 물장난하지 않기
여기저기 물이 튀면 위생상 좋지 않을 뿐만 아니라 다른 친구들이 미끄러질 수 있어요.

| 일상이의 메모 | 미끄러짐 사고 예방하기 |

물기 있는 곳만 조심하면 미끄러짐 사고를 예방할 수 있는 걸까요?
미끄러짐 사고를 예방하는 방법을 알아봐요.

● 보폭 좁혀 걷기

미끄러운 곳을 지나갈 때에는 보폭을 좁혀 걸어야 안전해요.

● 슬리퍼 신지 않기

슬리퍼처럼 뒤꿈치를 덮지 않는 신발은 쉽게 벗겨지거나 미끄러질 수 있어 위험해요.

● 바닥 살피며 걷기

바닥에 떨어진 쓰레기나 물기를 밟지 않도록 바닥을 살피며 걸어요.

● 주머니에 손 넣지 않기

손으로 재빨리 몸을 지탱할 수 없어 엉덩이나 머리를 부딪치면 큰 부상으로 이어질 수 있어요.

● 빗물 밟지 않게 조심하기

눈이나 비가 오는 날에는 우산에서 떨어진 물 때문에 바닥이 평소보다 미끄러우니 주의해요.

| 일상이의 메모 | 과학 실험 사고 대처법 |

과학 실험실에서는 언제든 예상하지 못한 사고들이 발생할 수 있어요.
사고 발생 시 올바른 대처 방법을 알아봐요.
응급 상황이라면 절대 혼자 행동하지 말고, 선생님께 도움을 요청해요.

● 유리 기구를 깨트렸을 때

손이나 발이 다치지 않게,
움직이지 말고 그대로 있어요.

그런 다음 선생님의 지시에
따라 깨진 유리 조각을 치워요.

● 화학 약품에 화상을 입었을 때

몸에 화학 약품이 묻었다면,
바로 흐르는 물로 씻어야 해요.

옷에 묻었다면, 옷을 입은 채로
씻어 내야 하지요. 그리고 가능
한 한 빨리 병원에 가요.

● 알코올램프가 넘어져 불이 났을 때

"불이야!"라고 큰 소리로 외쳐 선생님과 다른 학생들에게 상황을 알려요.

작은 불이라면, 주변의 실험 기구나 약병을 치우고 젖은 걸레나 실험복, 모래 등으로 덮어 불을 꺼요.

불씨가 크다면, 복도에 있는 화재경보기를 울리고 119에 화재 신고를 해요.

몸을 낮춘 상태에서 수건 등으로 코와 입을 막고 질서 있게 안전한 곳으로 대피해요.

운동장 안전

학교 안 안전사고는 운동장에서 가장 많이 일어나요.
노는 데에 집중해서 안전을 소홀히 해서는 안 되겠지요.
어떻게 하면 안전하게 운동장을 이용할 수 있을까요?

체육 활동 전후에는 충분한
준비 운동과 마무리 운동을 해요.

바닥에 날카로운
돌이나 유리 조각이
떨어져 있을 수 있으니
맨발로 다니지 않아요.

운동장에 있는 운동 기구나
놀이 기구에 부딪치지 않도록 주의해요.

운동 중에 장난을 치거나
친구를 향해 모래를 뿌리면 안 돼요.

공이 학교 밖으로 나가더라도, 공을 찾기 위해 학교 담을 넘거나 도로로 뛰어들지 않아요.

운동 기구에 걸려 넘어지지 않도록 주변을 항상 확인해요. 활동이 끝난 후에는 뒷정리를 해요.

놀이 기구의 올바른 이용 수칙을 지켜 안전하게 이용해요.

운동 기구 사용 전에는 항상 기구에 문제가 없는지 확인해요. 이상이 있거나 사고가 발생하면 즉시 선생님께 알려요.

놀이 기구 안전

놀이 기구 사고의 대부분이 사소한 부주의로 인해 발생해요. 신나게 노는 것도 좋지만 안전하게 노는 게 더 중요하겠지요. 놀이 기구 이용 수칙을 지켜 사고를 예방해요.

● 정글짐(오르기 기구)

반드시 두 손으로 이용해요.
꼭대기에 눕거나 거꾸로 매달리면 위험해요.
내려올 때에는 뛰어내리지 않아요.

● 철봉

자신의 키보다 너무 높은 철봉에 매달리면 위험해요. 또, 철봉을 하고 있는 사람 옆에 다가가지 않아요.

● 시소

두 손으로 손잡이를 꼭 잡고 타요.
시소 위에 서 있거나 뛰지 않아요.
내릴 때에는 같이 타는 친구에게 미리 이야기하고, 조심히 내려요.

● 미끄럼틀

미끄럼판으로 올라가지 않아요.
내려오는 친구와 부딪칠 수 있어요.
계단으로 차례차례 올라가요.

● 그네

한 사람씩, 양손으로 줄을 꼭 잡고 타요.
그네가 완전히 정지한 후에 타고 내려요.
다른 사람이 그네를 타고 있을 때,
그네 앞뒤로 다니면 위험해요.

● 모래 놀이 시설

모래에는 세균이 있을 수 있어요. 모래 놀이를
한 후에는 꼭 비누로 손을 깨끗이 씻어야 해요.

급식실 안전

급식실은 한꺼번에 많은 사람이 이용하고, 식판을 들고 다니기 때문에 더욱더 질서를 잘 지켜야 해요. 또, 건강한 점심식사를 위해 무엇을 해야 할까요?

● **식사 전, 손 씻기**
식사 전엔 반드시 손을 깨끗이 씻어요.
손에는 눈에 안 보이는 세균이 많아요.

● **조심조심 걷기**
뜨거운 음식을 들고 움직일 때에는 흘리지 않도록 식판을 두 손으로 꼭 쥐고서 조심히 걸어야 해요.

● 식사 도구로 장난치지 않기

젓가락이나 포크로 장난을 치다가 눈이나 얼굴이 찔릴 수 있어요. 사용하지 않을 때에는 식판 위에 내려놓아요.

● 음식 꼭꼭 씹어 먹기

너무 급하게 음식을 먹으면, 음식이 목에 걸려 숨을 못 쉬는 위급한 상황에 처할 수 있어요.

● 바닥에 떨어진 음식물 치우기

바닥에 음식물을 흘렸다면, 다른 사람이 밟아 미끄러지지 않도록 바로 치워야 해요.

일상이의 메모	식중독 예방

식중독이란 음식물 속에 있는 유해한 세균으로 인해 생기는 병을 말해요.
특히, 덥고 습한 날씨에는 균이 잘 번식하기 때문에 각별한 주의가 필요해요.

● 손 씻기

손을 씻지 않으면, 손에 있는 세균이 입을 통해 몸으로 들어와요.

● 냄새 맡아 보기

음식에서 평소와 다른 이상한 냄새가 난다면 상한 것이니 절대 먹으면 안 돼요!

● 높은 온도에 음식물 오래 두지 않기

높은 온도에 음식물을 오랫동안 두면 식중독 균이 생길 수 있어요.

● 유통 기한 확인하기

유통 기한이 지났으면 먹지 말고 버리는 것이 안전해요.

● 음식물은 익혀 먹기

식중독 균을 죽이는 가장 효과적인 방법은 바로 불에 익혀 먹는 것이에요.

● 물 끓여 마시기

물은 끓여서 마시는 게 좋아요. 또한 식수로 사용하는 물만 마셔요.

일상이의 메모	올바른 손 씻기 방법

손만 잘 씻어도 식중독이나 전염병을 70퍼센트나 예방할 수 있어요.

 **1** 손에 비누를 문질러 거품을 내요.

 **2** 손바닥을 마주하고 깍지를 껴서 닦아요.

 **3** 손바닥으로 다른 손의 손등을 닦아요.

 **4** 손가락을 돌려 닦아요.

 **5** 손톱을 세워 다른 손바닥에 비비듯 문질러요.

 **6** 흐르는 물로 비누 거품을 깨끗이 닦아 내요.

 **7** 수건으로 손의 물기를 제거해요.

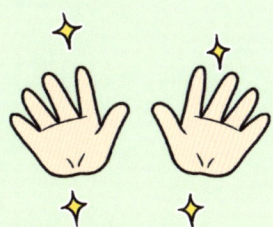 끝!

현장 체험 학습

현장 체험 학습은 언제나 신나고 즐거워요. 하지만 낯설고 잘 모르는 곳에서는 각별한 주의가 필요해요. 현장 체험 학습 안전 수칙을 알아봐요.

● **질서 잘 지키기**
많은 사람들이 이용하는 공간에서는 질서를 잘 지키고, 소란을 피우거나 뛰어다니지 않아요.

● **선생님 지도 잘 따르기**
단체 활동 중에는 선생님의 말씀은 물론이고, 안내 요원의 지도에 잘 따라야 안전해요.

● **장소나 일행 벗어나지 않기**
혼자서 장소나 일행을 벗어나면 안 돼요. 자칫 길을 잃거나 사고가 일어날 수 있어요.

● 선생님이 계신 장소와 연락처 기억해 두기

자유 시간을 갖게 된다면, 선생님이 계신 곳과 휴대 전화 번호를 꼭 기억해 둬요. 그래야 선생님의 도움이 필요할 때 바로 연락하거나 찾아갈 수 있어요.

● 몸에 이상이 있으면 선생님께 말씀드리기

몸이 아프거나 이상하다는 것을 선생님께 알리지 않았다가는 심각한 응급 상황에 처할 수도 있어요.

● 비상구와 대피 방법 확인하기

낯선 건물에서는 비상 탈출구가 어디 있는지 미리 확인해 놓아야 안전해요. 그래야 화재 등의 위기 상황 시에 신속하게 바깥으로 대피할 수 있어요.

일상이의 메모	현장 체험 버스 안전 수칙

버스는 우리가 자주 이용하는 교통수단이에요.
현장 체험 학습을 갈 때에도 버스를 이용하는 경우가 많지요.
우리가 지켜야 할 버스 안전 수칙에는 어떤 것들이 있을까요?

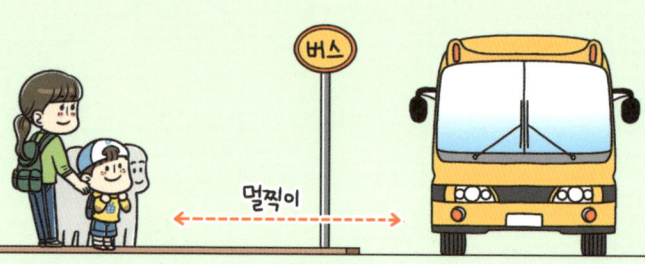

버스를 기다릴 때에는 차도에서 최대한 멀리 떨어져 기다려요.

버스가 완전히 멈출 때까지 기다렸다가 차례대로 타고 내려요.

달리는 버스 안에서 자리를 옮겨 다니면 안 돼요.

버스 안에서는 정해진 자리에 앉아 안전띠를 꼭 착용해요.

버스 기사님께 방해가 될 수 있으니 시끄럽게 떠들거나 소란을 피우면 안 돼요.

창문 밖으로 물건을 버리거나, 손이나 얼굴을 내밀면 매우 위험해요.

버스를 타고 내릴 때에는 가방이나 손, 옷 등이 문에 끼이지 않도록 주의해요.

현장 체험 학습 중 사고가 났을 때

현장 체험 학습 중 사고가 나면
당황하지 말고 다음과 같이 행동해요.

● 바로 선생님께 알리기

작은 사고라도 곧바로 선생님께 알려요. 그래야 올바른 대처와 도움을 신속하게 받을 수 있어요.

● 안내 방송 따르기

화재나 지진 등 재난이 일어났는데 주변에 선생님이 계시지 않으면, 안내 방송을 주의 깊게 듣고 안내 방송의 지시에 따라 대피해요. 그리고 주변 어른들에게 도움을 요청하고 119에 신고해요.

● 화재가 났을 경우, 신속하게 대피하기

먼저, 소리를 질러 화재가 난 것을 알려요.
그리고 최대한 빠르게 대피해요. 대피할 때에는
젖은 수건이나 옷으로 입과 코를 막고
대피 유도등을 따라 낮은 자세로 대피해요.

● 엘리베이터 타지 않기

빨리 대피한다고 엘리베이터를 이용해서는
안 돼요. 화재나 지진으로 인해 전기가 끊기면
엘리베이터 안에 갇힐 수 있어요.
꼭 계단으로 차례를 지키며 안전하게 대피해요.

상황별 응급 처치법

사고가 났을 때, 신속히 응급 처치를 해 주면 큰 사고를 막을 수 있어요.
상황별 응급 처치법을 알아봐요.

● 상처가 났을 때

1 흐르는 물로 이물질이 사라질 때까지 상처 부위를 씻어요.

2 소독약을 발라 상처를 소독해요.

3 일회용 밴드나 깨끗한 천으로 상처를 덮어 다친 곳을 보호해요.

4 상처가 크면, 연고나 지혈제를 바르지 말고 즉시 병원으로 가요.

● 손목이나 발목을 삐었을 때

1 다친 부위를 움직이지 않아요.

2 얼음이나 찬 것으로 찜질을 해 주어요.

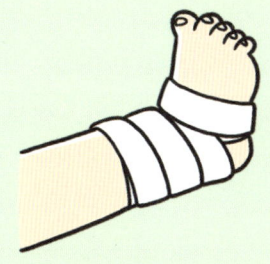

3 붕대나 옷 등으로 삔 부위를 감아 고정시켜요.

4 다친 부위를 심장보다 높게 올려 주어요.

5 그 후, 곧바로 병원에 가서 검사를 받아요.

● 코피가 날 때

1 고개를 아래로 숙여요.
  목을 뒤로 젖히면 피가 몸으로
  들어가 다른 병을 일으킬 수 있어요.

2 콧등을 쥐고 5~10분간
  꽉 눌러 주어요.

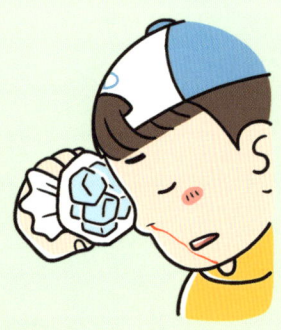

3 이마와 콧등 사이에
  차가운 것을 대 주어요.

4 15분 이내로 코피가 멈추지
  않으면 바로 병원에 가요!

● 화상을 입었을 때

1 시원한 물에 화상 부위가 잠기게 두고,
 화끈거림이 없어질 때까지 열을 식혀요.

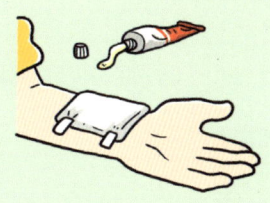

2 화상 연고를 바르고
 거즈를 붙여서 상처를 보호해요.

3 화상 상처가 심하면 화상 연고를 바르면 안 돼요.
 시원한 수건을 대고 즉시 병원으로 가요.

학교 안전 체크 리스트

학교 안전 수칙을 얼마나 잘 지키고 있는지 한번 알아볼까요?
한 개당 5점씩, 모두 체크하면 100점을 받을 수 있어요.
이번에 체크하지 못한 항목은 앞으로 잘 지켜서
한 달 뒤에는 모든 항목에 자신 있게 체크할 수 있도록 해요.

등하굣길	☐ 길을 걸을 땐 항상 인도로 다닌다. ☐ 보행 중 휴대 전화, 혹은 이어폰을 사용하며 걷지 않는다. ☐ 길을 건널 땐 차가 오는지 주변을 살핀 후에 건넌다. ☐ 눈비가 오는 날에는 맨홀 뚜껑에 미끄러지지 않도록 조심한다. ☐ 가방이나 옷과 같이 잘 보이는 곳에 이름, 연락처를 적어 두지 않는다. ☐ 밖에서는 되도록 혼자 다니지 않으며, 밝고 큰길로 다닌다.
교내 생활	☐ 교실·복도·계단에서 뛰거나, 친구와 장난치지 않는다. ☐ 교실 문을 세게 열고 닫지 않는다. ☐ 뾰쪽하거나 날이 있는 학용품으로 장난치지 않는다. ☐ 젖은 손으로 전기 플러그를 만지지 않는다. ☐ 주머니에 손을 넣고 걷지 않는다. ☐ 화장실은 차례를 지켜 사용한다. ☐ 과학 실험실에서는 안전 수칙을 잘 지킨다. ☐ 운동장 이용 시 항상 다른 사람을 배려한다. ☐ 세면대나 난간 등에 올라가는 위험한 행동을 하지 않는다. ☐ 식사 전에는 항상 비누를 이용해 손을 깨끗이 씻는다. ☐ 높은 온도에 음식물을 오래 두지 않는다.
현장 체험 학습	☐ 이동하는 버스 안에서는 언제나 안전띠를 매고, 친구와 장난을 치지 않는다. ☐ 체험 학습 활동 시 정해진 장소나 일행을 벗어나지 않는다. ☐ 체험 학습 중 사고가 나면, 선생님께 알리고 신속하게 대피한다.

● 가족 여러분께 ●

학교와 같이 많은 사람들이 함께 생활하는 곳에서는
나의 안전이 곧 우리의 안전입니다.
이 책은 안전한 학교생활을 위해 어린이가 꼭 지켜야 할 안전 수칙과 함께
사고가 일어났을 때 대처하는 법을 담고 있습니다.
그래서 건강하고 행복한 학교생활을 위해 어린이 스스로
자신과 타인의 안전을 생각하고 행동해야 한다는 것을 깨닫게 하지요.
하지만 학습한 안전 수칙이 일상생활에서 습관화되기 위해서는
보호자의 지속적인 관심과 칭찬이 필요합니다.
마지막으로 일상 속에서 기억해야 할 중요한 학교 안전 수칙 10가지를
어린이와 함께 큰 목소리로 읽어 보세요.

① 등하굣길 보행 안전과 교통안전 수칙을 잘 지킵니다.
② 공사장 주변을 지날 때에는 주의해서 걷습니다.
③ 부모님의 허락 없이는 아는 사람일지라도 따라가지 않습니다.
④ 교실이나 복도, 계단에서는 뛰거나 장난치는 등 위험한 행동을 하지 않습니다.
⑤ 전기 제품을 이용할 때에는 전기 안전 수칙을 잘 지킵니다.
⑥ 과학 실험실에서는 선생님의 지시에 잘 따르며, 안전 수칙을 항상 준수합니다.
⑦ 운동장과 놀이터에서 위험한 장난이나 행동을 하지 않습니다.
⑧ 급식 시간에는 질서를 지키며 천천히 식사를 합니다.
⑨ 현장 체험 학습에서는 선생님의 말씀을 잘 듣고 따릅니다.
⑩ 사고 대처법 및 상황별 응급 처치법을 몸에 익혀 둡니다.

● 작가 소개

이현주 글

성균관대학교에서 아동학을 공부하고 어린이집 교사로 근무하였습니다. 그러던 중 아동 발달에 대해 관심이 생겨서 성균관대학교 대학원에서 아동학 박사 학위를 받았습니다. 이후 교육부 정책중점연구소인 성신여자대학교 학교안전연구소에서 근무하였으며, 현재는 대진대학교 아동학과 초빙 교수로 재직하고 있습니다.

한종극 글

연세대학교에서 심리학을 공부하고 같은 대학교 대학원에서 사회심리학 석사 과정을 마친 뒤, 중앙대학교 대학원에서 사회문화 박사 과정을 수료했습니다. 현재는 성신여자대학교 학교안전연구소에서 학교 안전에 관한 정책과 제도를 만드는 일에 참여하고 있습니다.

유난희 그림

2005년 대원씨아이 만화 공모전 편집부 특별상을 수상하면서 작품 활동을 시작했습니다. '애니맥스 플러스' 사이트에서 〈우당탕탕 학교 가자〉, '다음 만화 속 세상'에서 〈사컷〉을 연재하며 그림 작가로 활동했습니다. 그린 책으로는 『남북 탐구 생활(1~2)』가 있습니다.

안전 생활 지침서
학교

초판 1쇄 발행 2019년 6월 30일

글 이현주, 한종극
그림 유난희

총 괄 모계영
편 집 장 이은아
책임편집 한지영
편 집 이예은, 민가진
디 자 인 김세희
마 케 팅 구혜지, 한소정

펴낸이 한혁수
펴낸곳 도서출판 다림
등 록 1997. 8. 1. 제1-2209호
주 소 07228 서울시 영등포구 영신로 220 KnK 디지털타워 1102호
전 화 (02) 538-2913 팩 스 (02) 563-7739
블로그 blog.naver.com/darimbooks
다림 카페 cafe.naver.com/darimbooks
전자 우편 darimbooks@hanmail.net

글 ⓒ 이현주, 한종극 2019

ISBN 978-89-6177-198-6 (77370)

※이 책 내용의 일부 또는 전부를 사용하려면 반드시 저작권자와 도서출판 다림의 서면 동의를 받아야 합니다.
※책값은 뒤표지에 있습니다.

이 도서의 국립중앙도서관 출판예정도서목록(CIP)은 서지정보유통지원시스템 홈페이지(http://seoji.nl.go.kr)와 국가자료종합목록 구축시스템(http://kolis-net.nl.go.kr)에서 이용하실 수 있습니다. (CIP제어번호 : CIP2019021559)

 | **제품명**: 안전 생활 지침서_학교 | **제조자명**: 도서출판 다림 | **제조국명**: 대한민국 | ⚠ 주 의
전화번호: 02-538-2913 | **주소**: 서울시 영등포구 영신로 220 KnK 디지털타워 1102호 | 아이들이 책을 입에 대거나
제조년월: 2019년 6월 30일 | **사용연령**: 8세 이상 | 모서리에 다치지 않게
※KC마크는 이 제품이 공통안전기준에 적합하였음을 의미합니다. | 주의하세요.